AF243500

LE
SALUT DE LA FRANCE

PAR

ALPHONSE COTELLE

AU PROFIT DES RÉFUGIÉS MALHEUREUX

PARIS

IMPRIMERIE DE DUBUISSON ET Cᵉ

5, RUE COQ-HÉRON, 5

1870

LE

SALUT DE LA FRANCE

———

I

Dans l'espace de trois mois, à jamais mémorables, la
France a subi toutes les hontes et toutes les douleurs.
Elle a vu ses plus belles provinces envahies par des
légions de barbares ; elle a vu ses villes fortes bombar-
dées, ses villages incendiés ; elle a vu ses enfants,
pleins de confiance et d'ardeur, conduits à la *boucherie*
par des sots ou des traîtres ; elle a vu (oh ! couvrons-
nous le visage !) 85,000 de ses soldats se rendre à dis-
crétion ; elle a vu, enfin, Paris, sa tête et son cœur —
et capitale du monde — investi de toutes parts, ne pou-
vant plus communiquer avec l'univers dont il est le
centre et le foyer. Oh ! qui dira jamais ce que ces trois
mois ont fait répandre de sang et de larmes ! Que de
mères en deuil !... Que d'orphelins sans pain !... O tyrans, qui engendrez tant de maux, que ne peut-on vous

faire assister aux drames poignants dont vous êtes la cause!... Jamais vous ne seriez assez forts pour supporter un pareil châtiment.

II

O France! ô ma patrie! il est encore pour toi bien des chances de salut, mais souffre au moins que nous recherchions les causes de tes malheurs, afin que nous soyons plus à même de les conjurer.

Un vaisseau s'égara un jour dans des mers inconnues, où il risquait à chaque instant d'échouer sur quelque rocher. Les matelots tinrent conseil et trouvèrent que ce n'était pas trop de toutes leurs connaissances réunies pour éviter les périls. Pour discuter utilement et sans confusion, ils se nommèrent un président, qui jura ses grands dieux de ne rien faire qui ne fût pour le salut commun. Vains serments : l'intérêt personnel, l'ambition égoïste firent qu'un jour, ou plutôt une nuit, furieux de ne pouvoir faire à sa tête, ce président fit jeter par-dessus bord les marins qui contrariaient ses projets en voulant donner des conseils utiles. Ce qui advint ensuite est facile à prévoir : Craignant de subir le même sort que leurs camarades, les autres marins firent bien semblant de discuter, de donner des avis, mais en ayant soin d'en avoir obtenu préalablement et secrètement l'autorisation du président. Ainsi conduit, le vaisseau louvoya dans toutes les directions, en Crimée, en Cochinchine, au Mexique, sans autre but évident que de rançonner les populations au profit du président, devenu tyran. Revenu de ses aventures, non sans de nombreuses avaries, il fut réparé et ravitaillé, et s'élança ensuite dans la mer Baltique. Là, les écueils sont nombreux et terribles, surtout pour qui s'y aventure sans carte et sans boussole. Ce qui devait arriver arriva : le vaisseau alla se briser sur un récif, et son capitaine y périt avec une partie de l'équipage.

La première pensée des marins échappés au naufrage fut de se cramponner en haut du rocher pour interroger l'horizon. En vain firent-ils des signaux de détresse aux vaisseaux qui passaient en vue, aucun ne vint à leur secours. Cependant ils ne voulaient point mourir. Les débris de leur vaisseau étaient encore là, ainsi que les vivres dont les monstres marins n'avaient pas encore fait leur proie. Ils prirent une résolution héroïque : celle de se sauver eux-mêmes en reconstruisant leur vaisseau, et en économisant leurs vivres pour en avoir jusqu'au jour de la délivrance. Ces héroïques marins se mirent résolûment à l'œuvre. Ils supportèrent pendant de longs jours, avec une admirable résignation, des privations de toute espèce. Le froid, la faim, la soif faisaient des ravages dans leurs rangs, mais n'abattaient pas leur courage. Poussés par le même désir, enivrés du même espoir, le salut commun, jamais la division ne se mit dans leurs rangs. Quand parfois ils se trouvaient arrêtés dans leur travail par des obstacles insurmontables en apparence, des éclairs de génie jaillissaient de tous les cerveaux, et les difficultés disparaissaient.

Le jour arriva enfin où le vaisseau, renaissant pour ainsi dire de ses cendres, put se balancer majestueusement sur l'onde immense. Oh ! quel beau jour pour les braves marins ! Comme ils étaient fiers de leur œuvre ! Et comme ils se croyaient sûrs, désormais, d'arriver au port sans encombre ! Mais ils avaient compté sans la vanité humaine, sans l'ambition égoïste de quelques-uns d'entre eux. Toujours unis dans le péril, parce que l'intérêt personnel de chacun était le même, des ferments de discorde ne tardèrent pas à naître quand la fortune revint. L'un trouvait que l'action collective manquait d'unité et que la marche du vaisseau en souffrait ; il s'empressait d'ajouter qu'il avait fait plus que tout autre pour la réédification du navire par sa science, ses talents et son énergie ; et, en raison même de cela, il se croyait le plus digne d'être le seul chef de l'équipage. Un autre, partant d'un principe opposé, mais visant au même but, ne reconnaissait la légitimité du commandement suprême que tout autant que celui qui en serait investi aurait les sympathies et les suffrages de la grande majorité et qu'il accepterait à l'avance le mandat impératif de faire ou de ne pas faire telle chose dans une circonstance donnée.

Ces deux systèmes avaient chacun leurs partisans et leurs détracteurs et donnaient lieu à des discussions interminables et même violentes, lorsqu'enfin l'un des marins s'adressa à ses camarades en ces termes :

« Quel est donc le mauvais génie qui vous pousse à vouloir vous donner un maître, qui deviendra tôt ou tard un tyran ? La terrible leçon que nous avons reçue n'est-elle pas suffisante ? Voulez-vous recommencer la même série d'épreuves douloureuses ? Si oui, nous ne sommes pas des hommes, et si nous voulons avoir un maître, il faudra qu'il s'impose à nous, car nous serions incapables de le choisir nous-mêmes. Si au contraire, nous sommes des hommes, nous sommes nos propres maîtres et nous possédons chacun notre part de souveraineté, que nous pouvons déléguer, mais que nous ne devons jamais aliéner. Ce qui vous embarrasse, je le vois, c'est ce vieux sophisme, cher aux tyrans : *Il faut bien que quelqu'un commande.* Eh bien ! oui, il faut que quelqu'un commande, mais ce quelqu'un c'est NOUS TOUS. Nos commandements, discutés et adoptés par tous, dépourvus de l'intérêt personnel qui vicie tout, seront nos *lois,* au-dessus desquelles personne n'aura le droit de se placer. Vous pourrez déléguer à ceux que vous en jugerez dignes le droit de faire exécuter un ou plusieurs de ces commandements; mais ceux-là seront vos *fonctionnaires* et non vos *maîtres,* et vous pourrez les révoquer quand ils ne seront plus dignes de votre confiance. Gardons notre souveraineté, c'est notre bien le plus cher. »

Tous les marins applaudirent ce discours, même ceux qui, secrètement, ne pouvaient se résoudre à ne pas être plus que les autres. Et le vaisseau continuait sa marche sans encombre pendant quelque temps.

Cela ne remplissait pas le but des ambitieux, et ils ne manquaient pas de jeter furtivement de temps à autre quelques bâtons dans les engrenages pour disloquer le mécanisme; mais les marins, instruits par l'expérience, finirent par découvrir leurs ruses et prirent la grave mais sage résolution de les jeter à la mer. Depuis lors, le vaisseau vogua heureusement, à la grande joie de tous, et quand il arriva au port il était couvert de toutes parts de ces trois mots, que chaque marin avait voulu graver lui-même :

LIBERTÉ, ÉGALITÉ, FRATERNITÉ.

III

Ce que je viens de raconter n'est pas un conte, mais une histoire, et cette histoire est, à quelques variantes près, celle de tous les peuples libres ou qui aspirent après la liberté. C'est en particulier l'histoire de la France depuis 1848 jusqu'à une époque qui appartient encore à l'avenir. Le lecteur a compris que le vaisseau si mal conduit est le symbole de la France, placée sous le commandement suprême de Bonaparte. Les marins jetés par-dessus bord symbolisent les républicains que l'homme de Décembre envoya mourir en exil. Quant aux lâches qui, de leur vote, couvraient d'un semblant de légalité les actes les plus infâmes du despote, leurs noms sont à jamais flétris, et point n'est besoin de les signaler ici. L'aventure tentée sans carte et sans boussole dans la mer Baltique représente assez fidèlement la folle déclaration de guerre faite à l'Allemagne sans y être préparé, et le naufrage du navire est la catastrophe de Sedan, où l'homme de Décembre a *couronné son édifice*.

Étourdis par le formidable choc d'un semblable désastre, notre première pensée est d'appeler à notre secours les puissances européennes; mais ces puissances, comme les vaisseaux que les marins naufragés voyaient passer en vue, ne répondent nullement à notre appel, qu'elles semblent ne pas entendre. Et pourquoi viendraient-elles? Les monarques ne peuvent secourir un peuple libre; ils l'anéantiraient plutôt.

Des hommes politiques à courte vue peuvent croire

que les grandes puissances neutres ont intérêt à épouser la cause de la France pour mettre un frein aux projets ambitieux de la Prusse : pure illusion. Si puissant que devienne le roi de Prusse, il ne sera jamais si redoutable pour les souverains que la République française. La République française, solidement établie, ferait, même sans le vouloir, et par la seule puissance de l'idée, trembler tous les trônes européens sur leur base ; tandis que la monarchie prussienne les consoliderait elle-même, s'il le fallait, dans l'intérêt de sa propre conservation.

Qu'on ne s'y trompe pas, la guerre actuelle n'est plus une guerre de peuple à peuple, de race à race ; c'est une guerre de principe à principe ; c'est la guerre des souverains contre les peuples ; c'est la guerre de l'autocratie contre la démocratie. C'est le droit divin luttant contre le droit humain. En un mot, c'est la guerre à mort !

Oui, la guerre à mort !

Ce n'est que très-tard, trop tard peut-être, que nous avons compris que nous ne devions rien attendre que de nous mêmes. Il se trouve même encore à l'heure qu'il est, malheureusement, des gens qui espèrent une intervention et se bercent d'illusions dangereuses. Nous nous trouverons seuls pour repousser l'ennemi, comme les marins se sont trouvés seuls pour reconstruire leur vaisseau. Nous aussi, nous reconstruisons le nôtre ; nous aussi, nous rencontrerons bien des obstacles ; nous aussi, nous endurerons bien des souffrances ; mais nous finirons par arriver à notre but, parce que nous le voulons fermement. Déjà ne voyons-nous pas combien nos moyens de défense et d'attaque sont grands, comparativement à ce qu'ils étaient il y a deux mois? Ne nous est-il pas permis d'entrevoir désormais le jour prochain de la délivrance? Pour nous, ce n'est plus qu'une question de jours et qu'un calcul d'ingénieur, pour nous servir de l'expression de l'infâme Bismarck.

Pendant que ces jours s'écouleront, pendant que ce calcul se fera, cherchons à tirer quelques enseignements du passé, pour bien nous pénétrer des causes de nos malheurs.

IV

Depuis l'immortelle révolution de 1789, tous les Français savent, par éducation ou par intuition, qu'ils ne sont pas un troupeau appartenant à telle ou telle famille royale. Ils savent que, s'ils en trouvaient les moyens pratiques, ils ne sauraient être mieux gouvernés que par eux-mêmes. Ils savent que tel qui promettra d'être **WASHINGTON** ne sera que *Bonaparte*. Et cependant, les trames secrètes et les conspirations sourdes aidant, ils se rejettent toujours fatalement dans les bras d'un *sauveur* quelconque, qui les rançonne et les tyrannise à merci, jusqu'au jour où, reconnaissant leur erreur, ils brisent l'idole qu'ils adoraient la veille.

Devons-nous retomber encore dans la même faute? Serons-nous condamnés à recommencer éternellement un travail de Pénélope? Tournerons-nous toujours dans le cercle vicieux qui consiste à renverser une monarchie pour établir une république, et à renverser ensuite la république pour revenir à la monarchie? Quelles sont les causes de ces revirements continuels!

Ah ! il faut bien le reconnaître, cela tient en partie à notre défaut d'éducation politique, mais surtout aux sanglants souvenirs de 1793, que les intéressés ne se font pas faute d'exploiter à leur profit. Entre un monarque qui nous vole notre liberté pour régner, et une république rouge qui guillotine au nom de la liberté, le choix est bientôt fait. On choisit un monarque, par crainte d'une république rouge, sans faire attention que les excès, peut-être nécessaires, de 1793 ne peuvent plus se renouveler. On oublie la différence des situations ; on oublie qu'en 1793 des siècles de servitude avaient amassé dans le cœur du peuple des haines implacables contre les seigneurs leurs maîtres ; on oublie qu'un premier essai de république fait par un peuple ivre de liberté ne pouvait être que fort imparfait ; on oublie enfin que, s'il y a eu des victimes innocentes, c'est moins la faute du peuple que celle des nobles, qui conspiraient sans cesse pour reconquérir leurs prérogatives infâmes.

Malheureusement pour les Français qui veulent se gouverner eux-mêmes, qui veulent une république honnête, modérée et progressive, il se trouve toujours quelque tête folle dont les idées exaltées arrivent à souhait pour permettre aux monarchistes d'évoquer le spectre rouge. Et, pour éviter un mal imaginaire, on se lance tête baissée vers des maux trop réels.

La monarchie, cependant, est aujourd'hui bien jugée. Le dernier des Bonaparte semble l'avoir tuée pour toujours par ses vols et par ses crimes. La France, conduite à deux doigts de sa perte par ce bandit, ne peut se relever que par elle-même, c'est-à-dire par la République.

Et la France, seule capable de se sauver, serait inca-

pable de se gouverner !... Et à cause de quelques
exaltés la France se donnerait encore à la monarchie !... Et à cause de quelques réactionnaires intéressés, qui sont trop heureux de trouver des républicains
écervelés pour servir leur cause, la France se livrcrait
encore à quelque Mandrin !... Oh! non, mille fois
non! Elle saura, par n'importe quel moyen, se débarrasser des réactionnaires et des exaltés, ou tout au
moins les réduire à l'impuissance. Son salut est à ce
prix.

V

Mais, me dira-t-on, pour nous débarrasser des ennemis de la France, réactionnaires ou exaltés, il faut
les connaître, ce qui est quelquefois difficile.

Les exaltés sont faciles à découvrir ; mais en est-il
de même des réactionnaires, qui travaillent toujours
dans l'ombre?

A cela je répondrai : si nous ne pouvons les découvrir, rendons-les impuissants. Et pour cela que faut il?
Ne confier aucun mandat aux hommes dont nous ne
sommes pas absolument sûrs.

Depuis le 4 septembre, le peuple français possède
la République la plus modérée qui se puisse voir ; elle
s'est installée sans l'effusion d'une seule goutte de
sang, chose inouïe dans l'histoire, et elle continuera
comme elle a commencé, si nous voulons faire bonne
garde autour d'elle. Pour lui donner la force morale
dont elle a besoin, il faut qu'après avoir été acclamée
par le peuple de Paris, elle soit également acclamée
par le peuple de la province ; il faut qu'une Assemblée

nationale la proclame et la défende. Mais, pour arriver à ce résultat, il ne faut pas que le peuple choisisse pour le représenter des ennemis de la République ; il ne faut pas qu'il choisisse pour mandataires des hommes qui ont des intérêts opposés aux siens. Il ne faut pas, surtout, qu'il choisisse pour députés des hommes ayant l'esprit de caste. Il faut, en un mot, s'il veut être bien représenté, s'il veut voir ses intérêts réellement défendus, s'il veut que les lois soient faites pour lui et non contre lui, que, ne se laissant éblouir ou gagner ni par la noblesse ni par la fortune, il choisisse des hommes du peuple pour représenter le peuple. A cette condition, les ennemis du peuple et de la République seront impuissants, une ère de justice et de bonheur s'ouvrira pour la France, et la nation, plus unie que jamais, redeviendra la première nation du monde.

VI

Le lecteur fera sans doute une objection d'une certaine importance apparente. « Il faut d'abord chasser les Prussiens. »

Oui, il faut chasser les Prussiens, et cela nous sera facile si nous sommes unis, si nous sommes bien d'accord sur le but à atteindre dans l'avenir. Mais nous serions vaincus si la division se mettait parmi nous, si les uns combattaient pour ramener un prétendant quelconque, pendant que les autres combattent pour la liberté, pour la République.

N'oublions pas d'ailleurs que, même en étant victorieuse, la France, sous le commandement d'un mo-

narque, serait plus malheureuse que jamais, serait
perdue, car la guerre civile l'ensanglanterait bientôt ;
tandis que, même vaincue par les Prussiens, elle se
relèverait en se gouvernant elle-même.

Mais cette dernière hypothèse est inadmissible, la
République seule peut chasser les Prussiens, et elle les
chassera. Déjà la victoire, qui a fui la France monar-
chique, revient avec la France républicaine : l'armée
de la Loire a repris Orléans aux aigles prussiennes
après une bataille de deux jours. C'est, croyons-le bien,
le prélude d'une série de victoires pour la République
Française.

VII

Le jour des grands événements est proche. Paris va
donner la main à la province, et les Prussiens vaincus
vont joncher la terre de leurs cadavres ou fuir en dé-
route vers le Rhin.

La France victorieuse va reprendre sa place à la
tête des nations, qui espéraient la voir abaissée pour
longtemps.

Mais n'oublions pas que là seulement n'est pas son
salut. Bientôt va commencer la course au clocher entre
réactionnaires et exaltés pour s'emparer du pouvoir.
Déjouons tous leurs calculs perfides en les écartant
les uns et les autres. N'oublions pas que nos repré-
sentants tueront encore la République s'ils ne sont pas
des hommes du peuple. N'oublions pas que nous ne
devons plus remettre le sort de la France entre les
mains d'un seul homme, qui serait le président de la

République, car la présidence est une royauté dé-
guisée. Choisissons des fonctionnaires, mais ne nous
donnons plus de maîtres. Nous sommes le peuple
souverain. Prenons des ministres pour nous servir et
non pour nous commander.

Nous éviterons ainsi les rêves ambitieux qui perdent
les nations, nous resserrerons les liens qui unissent
tous les peuples entre eux et nous nous acheminerons
de plus en plus vers la RÉPUBLIQUE UNIVERSELLE,
qui pourra seule débarrasser le genre humain du fléau
de la guerre.

Alphonse **COTELLE**.

Paris. — Imp. de Dubuisson et Cᵒ, rue Coq-Héron, 5. — 539

* 9 7 8 2 0 1 2 9 8 4 5 7 8 *